Bibliografische Information der Deutschen Nationalbibliothek:

Die Deutsche Bibliothek verzeichnet diese Publikation in der Deutschen National-
bibliografie; detaillierte bibliografische Daten sind im Internet über http://dnb.d-
nb.de/ abrufbar.

Impressum:

Copyright © 2007 GRIN Verlag, Open Publishing GmbH
Druck und Bindung: Books on Demand GmbH, Norderstedt Germany
ISBN: 9783640582167

Dieses Buch bei GRIN:

http://www.grin.com/de/e-book/146593/analyse-der-akte-ii-und-iii-aus-la-celestina-
von-fernando-de-rojas

Jana Crämer

Analyse der Akte II und III aus „La Celestina" von Fernando de Rojas

GRIN Verlag

GRIN - Your knowledge has value

Der GRIN Verlag publiziert seit 1998 wissenschaftliche Arbeiten von Studenten, Hochschullehrern und anderen Akademikern als eBook und gedrucktes Buch. Die Verlagswebsite www.grin.com ist die ideale Plattform zur Veröffentlichung von Hausarbeiten, Abschlussarbeiten, wissenschaftlichen Aufsätzen, Dissertationen und Fachbüchern.

Besuchen Sie uns im Internet:

http://www.grin.com/

http://www.facebook.com/grincom

http://www.twitter.com/grin_com

Analyse der Akte II und III von „La Celestina"

Inhaltsverzeichnis

1) Einleitung

Das Werk „La Celestina" von Fernando de Rojas in seiner Gesamtheit mit 21 Akten lässt sich in drei Teile gliedern. Als erster Teil ist der *Auto I* anzusehen, also das Manuskript, das für Rojas die Basis der *Comedia* bildet. Diese *Comedia* ist das Werk in 16 Akten, wie es in den Ausgaben von Burgos (1499?), Toledo (1500) und Sevilla (1501) vorliegt. Als *Tragicomedia* wird das betrachtet, was den Ausgaben von 1500 und 1501 hinzugefügt wurde.

Der eben erwähnte *Auto I* wird mit einer solchen Kontinuität und einer derartigen Aufmerksamkeit auf Details weitergeführt, dass es dem Leser kaum möglich erscheint, dass das Werk von mehr als einem Autor stammt.

Grund hierfür ist die Übernahme zahlreicher Elemente aus dem ersten Akt in die *Comedia*. Jener bietet zunächst eine *dramatis personae*. Sieben Personen werden vorgestellt oder nehmen an der Handlung teil: Calisto, Melibea, Sempronio, Pármeno, Celestina, Elicia und Crito. Mit Ausnahme von Crito werden bei allen die Funktion im Werk, der soziale Status sowie einige Persönlichkeitsmerkmale deutlich gemacht. Darüber hinaus finden drei weitere Charaktere Erwähnung, nämlich die Eltern Pármenos, Alfredo und Claudina, und Areúsa, die Cousine Elicias.

Auch die grundlegende Situation und die Beziehung zwischen den Personen, wie etwa die Liebe Calistos, die von Melibea abgelehnt wird, die Rolle der Diener und das Geschäft mit Celestina werden dargelegt.

Diese Gegebenheiten werden von Rojas übernommen und weiter ausgeführt. Ebenso führt er den dialogischen Aufbau, der weder von Randbemerkungen noch von Bühnenanweisungen unterbrochen wird, fort.

Die Hauptorte, an denen sich alles abspielt, also die Häuser Calistos und Celestinas sowie die Straße zwischen ihnen, finden sich auch in Rojas' Teil wieder, werden jedoch später um drei weitere ergänzt.

Im Folgenden soll eine Analyse des zweiten und des dritten Aktes zeigen, welche Einzelheiten Fernando de Rojas übernimmt und welche Neuerungen eventuell stattfinden. Es soll also untersucht werden, wie Rojas, vom *Auto I* ausgehend, seine *Comedia* beginnt.

2) Akt II

Die Handlung des ersten Akts wird ohne Unterbrechung fortgeführt. Der zweite Akt lässt sich inhaltlich in zwei Szenen unterteilen, und zwar in die Gespräche Calistos mit je einem Diener.

Zunächst unterhält er sich mit Sempronio. Calisto, der Verzögerungen in der Angelegenheit um Melibea fürchtet, möchte, dass sein Diener Celestina folgt und mit ihr redet, damit ihr Handeln in Gang gesetzt wird. Sempronio jedoch zieht es vor, bei seinem Herrn zu bleiben. Er möchte ihn ablenken und beschäftigen, Einsamkeit schüre nur Liebeskummer. Calisto besteht allerdings darauf, dass Sempronio Celestina folgt und fordert ihn auf Pármeno herbeizurufen.

Calisto beginnt in diesem Akt mit „Meine Brüder" (Rojas, S. 72). Auffällig ist jedoch, dass nur Sempronio darauf antwortet und in den Dialog einsteigt. Er lobt die Freigiebigkeit seines Herrn:

„Die Anwendung der Reichtümer ist zweifellos wichtiger und schöner als deren Besitz. Oh, wie glorreich ist das Geben! Oh, wie erbärmlich ist das Nehmen! Die Tat zählt mehr als die Habe, und demgemäß gilt der Spender mehr als der Empfänger." (Rojas, S. 72)

Er beendet seine Rede schließlich damit, dass er sagt, er wolle mit Calisto noch eingehender über die Geschichte reden. Er hat gemerkt, dass sein Herr noch nicht ganz von dem Handel mit Celestina überzeugt ist und will allein noch einmal auf ihn einreden. So will er ihn dem Einfluss Pármenos entziehen.

Auf die erneute Aufforderung Calistos, mit Celestina zu reden, reagiert Sempronio mit Worten, die an eine eine seiner Aussagen im ersten Akt erinnern:

„Deine Angst scheucht mich weg, deine Einsamkeit hält mich zurück." (Rojas, S. 72)

Ähnliches sagt er, als Calisto vom ersten Zusammentreffen mit Melibea nach Hause kommt.

In beiden Situationen besteht Calisto auf der Notwendigkeit seines Leidens. Im ersten Akt fragt Sempronio:

„Na wie? Hattest du etwa vor, den Rest Deines Lebens weinend zu verbringen?" (Rojas, S. 33)

Calisto bejaht diese Frage zunächst einfach, doch scheint sie im zweiten Akt weiter auszuführen:

„Weißt du nicht, dass die Pein gelindert wird, wenn man beweint, was einen quält?" (Rojas, S. 74)

Dieser Satz erscheint wie ein Echo auf seine einfache Antwort im ersten Akt. Sempronio tritt auch hier wieder, wie bereits im ersten Akt als Ratgeber auf und will Calistos Aufmerksamkeit auf sich lenken. Dies gelingt ihm allerdings nicht und er sieht sich gezwungen, Celestina zu folgen.

Calisto fordert ihn auf Pármeno zu rufen, obwohl dieser bereits anwesend zu sein scheint, da Calisto zu Beginn „meine Brüder" sagte, also nicht nur Sempronio ansprach. Dass er seinen zweiten Diener in diesem Moment nicht bemerkt, könnte ein Zeichen seiner emotionalen Aufgewühltheit sein.

Pármeno zeigt seine Präsenz indem er sagt: *„Zur Stelle, Herr." (Rojas, S. 75)*
Hier beginnt der Dialog zwischen Calisto und Pármeno und somit die zweite Szene des zweiten Akts.

Calisto rechtfertigt seine Situation vor dem Diener und bittet ihn um seine Meinung. Vorher wird zunächst wieder eine Verbindung zum ersten Akt hergestellt, indem Calisto auf die Ausführungen Pármenos über Celestina Bezug nimmt. Er bringt dabei seine Überzeugung von den Fähigkeiten der Kupplerin zum Ausdruck.

Pármeno ist der Ansicht, anstatt Celestina Geld zu geben, sollte Calisto lieber Melibea beschenken. Rojas beginnt hier einen Umstand zu erklären, der dem damaligen Leser oder vielleicht sogar ihm selbst unwahrscheinlich vorkommt. Dieser Umstand, dass eine Kupplerin eingeschaltet wird, wie dies der erste Autor getan hat, muss legitimiert werden, da dies in Gesellschaftsschichten wie der Calisto nicht üblich war. Für diese Legitimation zieht Calisto die Standesunterschiede zwischen sich und Melibea heran:

„Doch solltest Du nicht übersehen: wenn ein ungeheurer Abstand zwischen dem Flehenden und dem Angeflehten ist, aus Gründen der Gehorsamspflicht, des Standesunterschieds [...] bedarf es eines Fürsprechers oder Vermittlers [...]." (Rojas, S. 76)

Pármeno fährt daraufhin fort: *„Herr, als sich Dein Beizfalke neulich verflog [...]" (Rojas, S. 77)*

An der Stelle des Wortes *neulich* lautet es im spanischen Original *el otro día.*

Das treffen hat also anscheinend vor längerer Zeit stattgefunden. Dabei stellt sich die Frage, was Calisto in der Zwischenzeit gemacht hat. Hier scheint also keine zeitliche Kontinuität gegeben zu sein, wie zunächst angenommen. Pármeno macht als nächstes deutlich, dass er nicht von Celestina überzeugt ist, worauf Calisto sehr verärgert reagiert:

„Und was weißt denn du von Ehre? Sag mir- was ist Liebe?" (Rojas, S. 77)

Calisto redet hier mit seinem Diener auf eine ähnliche Weise, die Überlegenheit ausdrückt, wie es auch Celestina im ersten Akt tut:

„Was ist Vernunft, du Narr? Was ist Leidenschaft, du Eselsfüllen?" (Rojas, S. 68)

Es ist zu bemerken, dass sich in dieser Szene Calistos Haltung gegenüber Pármeno ändert. Rojas gibt somit den Worten Celestinas im ersten Akt Recht, in dem sie sagt, die Herren machten ihren Dienern gegenüber stets nur leere Versprechungen, seien undankbar und vergäßen, was diese für sie getan hätten. Calisto verhält sich in der oben beschriebenen Situation genauso, wie Celestina es vorausgesagt hat.

Calisto hat genug von der Moral seines Dieners und möchte sich beschäftigen. Er befiehlt, ihm ein Pferd zu holen. Pármeno sagt daraufhin:

„Ihr wiehert, Herr Hengst? Ist ein Brünstiger im Haus nicht Hitze genug? Witterst du Melibea?" (Rojas, S. 79)

Er setzt hier die Liebe seines Herrn zu Melibea herab, indem er auf animalische Sexualität anspielt. Rojas nimmt hier die sexuelle Thematik auf, auf die Sempronio bereits im ersten Akt anspielt:

„[...];dass andere sich gar dem Trieb von Tieren hingaben." (Rojas, S. 34)

Der Akt endet mit einem Monolog Pármenos, in dem er Celestinas Argumente ihm gegenüber reflektiert. Er paraphrasiert dabei ihre Ansichten zum Verhältnis zwischen Herr und Diener. Rojas betont hier den Umsturz Pármenos, der sich im ersten Akt bereits andeutet. Die Gründe für diese Wende sind nicht materieller oder erotischer Natur, sondern die Ablehnung seines Herrn ihm gegenüber. Diese radikale Änderung wird erst dadurch möglich, dass sich Calistos Haltung gegenüber Pármeno ändert.

Jedoch ist zu beachten, dass diese Wende in der Beziehung zwischen den beiden für ihn noch nicht ausreicht um sich wirklich auf Celestinas und Sempronios Seite zu schlagen. Er sagt zwar: *„[...]Celestina und Sempronio* *sollen dich gründlich abflöhen." (Rojas, S. 79),* er deutet aber keineswegs an ihnen dabei zu helfen.

3) Akt III

Zu Beginn des dritten Aktes trifft Sempronio Celestina vor ihrem Haus an. Sie sprechen darüber, wie Celestina Calisto mit Melibea verkuppeln will. Auch hier werden Gegebenheiten aus dem ersten Akt wieder aufgegriffen. Sempronio äußert sich gegnüber Celestina zum wiederholten Male sarkastisch über seinen Herrn. Im Dialog mit Calisto hat er diesen Sarkasmus nicht gezeigt, was ein wenig seine Boshaftigkeit erkennen lässt. Auch seine Feigheit kommt deutlich zum Ausdruck:

„Sobald ich sehe, dass etwas schiefgeht, verzichte ich auf Calistos Brot und quittiere den Dienst. Lieber die Stellung aufgeben als des Lohnes wegen das Leben verlieren." (Rojas, S. 81)

Im weiteren Verlauf fasst Celestina noch einmal den Dialog mit Pármeno zusammen. Dabei deutet sie an, wie sie ihn beherrschen will:

„Ich erinnerte ihn, was für ein Weib seine Mutter war, damit er nicht hochmütig auf mein Gewerbe herabsieht; denn wenn er über mich herziehen wolle, so treffe er damit in erster Linie sie." (Rojas, S. 83)

An dieser Stelle beginnt Rojas ganz deutlich seine *Comedia*. Bisher ist er ausschließlich den Vorgaben des ersten Akts gefolgt, nun bringt er seine eigenen Ideen über Pármenos Mutter Claudina ins Spiel. Diese wird von Celestina detailliert beschrieben und verherrlicht. Sie erscheint dabei wie eine Doppelgängerin Celestinas.

Im weiteren Verlauf erzählt Celestina Sempronio von ihrem Plan, Pármeno Areúsa zuzuschanzen. Sie beschreibt ganz genau, wie alles zwischen ihr und Melibea ablaufen soll. Ihr Vorwand, um deren Haus betreten zu können, sind Waren, die sie ihr zum Kauf anbieten will. Dabei ist sie davon überzeugt, dass sie bei der jungen Frau das erreicht, was sie erreichen will:

„[...];denn ich bin überzeugt: jetzt bin zwar ich die Bittstellerin, doch am Ende muss sie mich anflehen;[...]" (Rojas, S. 86)

Sempronio erwähnt im Anschluss daran die Familie Melibeas, dass diese reich und mächtig und Melibea gut behütet sei. Auch hier zeigt sich wieder seine Feigheit.

Schließlich betreten die beiden das Haus von Celestina, was durch das Auftreten Elicias deutlich wird. Celestina gibt ihr Anweisungen, die notwendigen Zutaten für die Beschwörung zusammenzutragen. Elicia scheint an diese Aufgabe gewöhnt zu sein und will sie auch ausführen, findet die zu bringenden Dinge aber nicht:

„Mutter, das Zeug ist nicht da. Immer vergisst du, wo du die Sachen verwahrt hast." (Rojas, S. 88)

Mit diesem Vorwurf lässt sie Celestina als alt und vergesslich dastehen.

Die Zutaten, die Celestina aufzählt und die Elicia heranschaffen soll, erinnern an schwarze Magie. Das was Pármeno von diesen Dingen im ersten Akt seinem Herrn beschrieben hat, wird nun konkret.

Sempronio und Elicia gehen und Celestina beginnt die Beschwörung. Zu deren Beginn bittet sie nicht direkt um das Erreichen von Zielen oder um Resultate, sondern um die Anwesenheit eines unheilvollen Geistes:

„Dich beschwöre ich, düsterer Pluton, Herr der höllischen Tiefe, Herrscher am Hofe des Verderbens [...]" (Rojas, S. 89)

Es wird deutlich, dass sie die Kontrolle über Melibea haben will. Die Macht über die junge Frau, genauso wie über Pármeno, scheint ihr ebenso wichtig zu sein, wie der materielle Vorteil, den sie aus diesem Geschäft erwirbt.

Während Pármeno im ersten Akt über die Praktiken Celestinas sagt, alles sei *„Lug und Trug" (Rojas, S. 53)*, scheint Rojas an dieser Stelle von ihren magischen Kräften überzeugen zu wollen. Darauf deutet hin, dass sie die Beschwörung ganz allein durchführt. Sie will also niemandem etwas vormachen, sondern ist von ihren magischen Fähigkeiten überzeugt. Die Literatur bietet hier die Möglichkeit über die Grenzen des Realen, Natürlichen hinauszugehen. Celestinas Verbindung zu dämonischen Mächten lässt deutlich auf eine Ablehnung der christlich moralischen Ordnung schließen. Allerdings lässt Rojas diesen Akt eher nach *hechicería* aussehen als nach *brujería*. Die Darstellung von Hexerei wäre für ihn in der damaligen Zeit ein gefährliches Unterfangen gewesen. Dennoch bleibt die Tatsache, dass Celestina Verbindungen zum Teufel hat, eine absolute Provokation.

4) Resümee

Fernando de Rojas greift also nachweislich eine ganze Reihe von Dispositionen aus dem ersten Akt im zweiten und dritten Akt wieder auf.

Zu Beginn des ersten und des zweiten Akts steht ein Dialog zwischen Calisto und Sempronio, wobei letzter stets als philosophischer Ratgeber auftritt. Auch das Geschäft mit Celestina, das sich im ersten Akt entwickelt, wird direkt thematisiert. Darüber hinaus findet man in den beiden ersten Akten Pármeno im Gespräch mit Calisto, wie er seine Vorbehalt gegenüber der Kupplerin äußert.

Genau wie im ersten Akt schätzt Calisto im zweiten das Handeln Sempronios und lehnt das Pármenos ab, allerding noch heftiger als zu Beginn.

Im Zusammenhang mit dem dritten Akt muss vor allem die Beschwörung erwähnt werden. Diese deutet sich zwar durch Pármenos Beschreibungen über Celestina und ihr Handeln an, wird jedoch erst am Ende des dritten Aktes wirklich ausgeführt.

Abschließend lässt sich sagen, dass Rojas nicht nur die Personen, deren Beziehung zueinander und die Orte des Geschehens aus dem *Auto I* fortführt, er übernimmt auch ganz deutlich ihre Ansichten und ihre Art zu reden. Darüber hinaus sind aber auch Rojas eigene Ideen, beispielsweise im Bezug auf Claudina, vor allem aber bezogen auf Celestinas magische Fähikeiten, sehr deutlich zu erkennen.

Literaturverzeichnis

Maestro, Jesús G.: *Metafísica de la literatura. La magia o el poder sobrenatural de la palabra: Rojas, Cervantes, Calderón*. In: Penzkofer/ Matzat (Hrsg.): Der Prozess der Imagination. Magie und Empirie in der spanischen Literatur der frühen Neuzeit. Tübingen: Niemeyer, 2005. S. 343- 352.

Rojas, Fernando de: La Celestina- oder Tragikkomödie von Calisto und Melibea. Aus dem Spanischen übersetzt von Fritz Vogelsang. Frankfurt: Insel Verlag, 1989. S. 23- 90

Stamm, James R.: *La comedia: un arte de continuación*. In: La estructura de La Celestina. Una lectura analitica. Salamanca:Ediciones de la Universidad,1988. S. 77- 88.

BEI GRIN MACHT SICH IHR WISSEN BEZAHLT

- Wir veröffentlichen Ihre Hausarbeit, Bachelor- und Masterarbeit

- Ihr eigenes eBook und Buch - weltweit in allen wichtigen Shops

- Verdienen Sie an jedem Verkauf

Jetzt bei www.GRIN.com hochladen und kostenlos publizieren